AF248106

Une Guérison

de Lourdes

M. BIDEAUX, Imprimeur.

ne Guérison

de Lourdes

M. BIDEAUX, Imprimeur.

MADAME BIRÉ
DE SAINTE-GEMME-LA-PLAINE (VENDÉE)
Guérie de cécité complète à Lourdes, au moment où,
à la Grotte,
le Très Saint Sacrement passait devant elle

JUGEMENT CANONIQUE DE S. G. Mgr CATTEAU

Evêque de Luçon

déclarant miraculeuse

LA GUÉRISON DE Mᵐᵉ BIRÉ

DE SAINTE-GEMME-LA-PLAINE (VENDÉE)

Obtenue à Lourdes, le 5 Août 1908

NOUS, CLOVIS-NICOLAS-JOSEPH CATTEAU

par la Providence divine et la grâce du Saint-Siège Apostolique

ÉVÊQUE DE LUÇON

Vu le décret du saint Concile de Trente (Sess. XXV, *de Invocatione, veneratione et reliquiis sanctorum et sacris imaginibus)* ;

Vu les prescriptions du Pape Benoit XIV, relatives à l'étude et à la reconnaissance des phénomènes dits miraculeux *(De beatif.*, l. IV);

Vu le Rapport de la Commission canonique, par Nous constituée pour l'étude de la guérison de Marie Lucas, épouse Biré, de Sainte-Gemme-la-Plaine, en Notre Diocèse, dans lequel sont relatées, avec des témoignages dignes de foi, les conclusions de plusieurs médecins et spécialistes ;

Considérant que ces attestations, dont la valeur et l'autorité en la matière sont indiscutables, ne laissent subsister aucun doute sur la gravité extrême de la maladie et sur sa disparition instantanée, parfaite, définitive, en dehors de tout agent curateur matériel, et qu'elles démontrent surabondamment à Nos yeux que la guérison dont il s'agit revêt tous les caractères du surnaturel, tels que les a énumérés et définis le Pape Benoit XIV ;

En vertu de Notre pouvoir ordinaire et agissant pour Notre Diocèse, sous l'autorité du Souverain Pontife ;

Pour la gloire de Dieu et de sa Très Sainte Mère,

Pour l'édification des fidèles de Notre Diocèse,

Nous reconnaissons que Marie Biré, atteinte de cécité par « atrophie blanche du nerf optique », a été guérie subitement et radicalement à la Grotte de Lourdes, le 5 août 1908 ;

Et Nous jugeons et déclarons que cette guérison est miraculeuse et doit être attribuée à une intervention spéciale de Dieu par l'intercession de Notre-Dame de Lourdes.

Donné à Luçon, en Notre Palais Episcopal, sous Notre seing, le sceau de Nos armes et le contre-seing du Secrétaire Général de Notre Evêché, le 30 juillet 1910.

† CLOVIS-JOSEPH, Evêque de Luçon.

Par Mandement de Monseigneur :

A. POIRIER, *Vic. gén.*

Rapport de la Commission

nommée par Monseigneur l'Evêque de Luçon
pour procéder à l'Enquête canonique
sur
la Guérison de Madame Biré

Monseigneur,

Le 9 août 1908, le *Journal de la Grotte de Lourdes* publiait les lignes suivantes extraites du Registre du *Bureau des Constatations médicales* :

« Mme Biré, de Sainte-Gemme-la-Plaine, près Luçon, « âgée de quarante-deux ans (numéro 37 du Registre « pour 1908), était *complètement aveugle* depuis le 16 « février de la présente année 1908. Ce jour-là, la ma-« lade, qui avait depuis six semaines une phlébite au « bras gauche, perdit subitement connaissance. Elle « resta dans un état comateux pendant deux jours, et, « lorsqu'elle reprit ses sens, elle s'aperçut qu'elle ne « voyait plus. Cette cécité a persisté sans aucune modi-« fication, jusqu'à sa disparition subite, le mercredi 5 « août 1908, *à la Grotte*.

« La malade s'aperçut alors brusquement qu'elle « voyait la statue de la sainte Vierge, puis elle distingua « tous les objets environnants. A partir de ce moment, la « vue lui est complètement revenue. »

Telle est, Monseigneur, officiellement constatée, la guérison dont fut l'objet l'une de vos diocésaines, au cours du quarante-troisième pèlerinage de la Vendée à Lourdes, en l'année du Cinquantenaire des Apparitions.

Cette guérison a été étudiée avec le plus grand soin et reconnue, par plusieurs spécialistes, comme très remarquable, « l'une des plus intéressantes » qui se soient produites à Lourdes et, de plus, « scientifiquement inexplicable ».

Il reste à la déterminer canoniquement ; autrement dit, à affirmer, s'il y a lieu, le miracle.

Ce jugement, Monseigneur, qui relève exclusivement de votre autorité épiscopale (1), l'éminent docteur Boissarie, président du *Bureau des Constatations médicales* de Lourdes, vous a demandé instamment de l'instruire ; il en attend le prononcé avec une religieuse impatience, car la guérison extraordinaire de votre diocésaine, reconnue et déclarée par vous miraculeuse, serait comme un nouveau fleuron pour la magnifique couronne, que sa science et sa piété ne cessent de tresser à la gloire de la Vierge de Lourdes.

Ce sont les éléments de ce jugement que soumet aujourd'hui à Votre Grandeur la Commission que, conformément aux prescriptions du S. Concile de Trente (2), Elle a daigné charger de l'enquête canonique sur la guérison de Mme Biré.

Marie Lucas, épouse Biré, est née le 8 octobre 1866 à Sainte-Gemme-la-Plaine.

Elle fréquenta l'école libre, tenue par les religieuses de l'Union Chrétienne, et, à sa sortie de l'école, exerça le métier de couturière.

Jusqu'à son mariage, 13 septembre 1886, elle jouit d'une santé excellente.

Durant les deux premières années de son mariage,

---

(1) *Nulla admittenda esse nova miracula, nisi recognoscente et approbante Episcopo. (Conc. Trid Sess. XXV, De invocatione, veneratione et reliquiis sanctorum et sacris imaginibus)*

(2) *Ibid.*

elle éprouve quelques crises nerveuses, qui cessent à la naissance de son premier enfant et ne reparaissent plus.

Des six enfants qu'elle mit au monde, deux meurent en 1904, à quelques mois d'intervalle. Profondément affectée de ce double deuil et redoutant la perte d'une troisième enfant, qui semble atteinte de la maladie qui a emporté les deux premiers, Mme Biré s'efforce de dominer son chagrin ; mais sa santé s'altère et, le 24 décembre de cette même année 1904, elle est frappée d'une attaque de paralysie. Tout le côté droit est inerte et la malade reste pendant quelques jours sans connaissance.

Dès lors, commence pour Mme Biré cette longue période de troubles et de souffrances, dont M. le docteur Hibert, de Luçon, résume ainsi les phases principales :

« Le 24 décembre 1904, début des accidents. Vomis« sements alimentaires accompagnés d'hémiplégie « droite.

« En avril 1905, hématémèse accompagnée de trismus « (tétanos local caractérisé par le serrement convulsif « des mâchoires avec grincement de dents), spasme œso« phagien rendant l'alimentation, même liquide, impos« sible pendant plusieurs semaines.

« Tous les quatre à cinq mois, renouvellement de ces « mêmes accidents, dont le caractère augmentait en « intensité et en gravité au fur et à mesure qu'ils se « reproduisaient. Des hématémèses de deux litres furent « notées.

« Le 14 février 1908, la situation prit un caractère « particulièrement grave : à la suite d'un vomissement « de sang rouge (deux litres), la circulation s'arrête « dans l'avant-bras et la main gauches, devenus noirs, « comme gangrenés. La douleur était intolérable. Trois « ou quatre jours plus tard, le membre reprit spontané« ment sa coloration normale ; la malade se plaignit de

« céphalées atroces, lui arrachant des cris déchirants ;
« puis survinrent des vomissements poracés fréquents,
« faciles et très abondants. La malade tomba dans le
« coma La perte de connaissance fut complète et dura
« environ cinq jours. Enfin, le 25 février, la malade
« reprit ses sens, ouvrit grands les yeux et s'étonna de
« toujours être dans l'obscurité. Les reflexes lumineux
« étaient complètement abolis ; la cécité était com-
« plète.

« L'état resta le même du 25 février au 5 août 1908,
« où Mme Biré, à Lourdes, recouvra subitement et ins-
« tantanément la vue, perdue depuis cinq mois, à la
« suite d'accidents ayant déterminé une atrophie papil-
« laire double. »

Dès le début de la maladie, mais surtout depuis la
crise du mois de février, l'état de Mme Biré était regardé
comme désespéré. La malade elle-même, saisissant
toutes les appréhensions de son entourage, ne se faisait
aucune illusion. Mais elle trouva dans ses vifs sentiments
de foi et dans son absolue confiance en Dieu et en la
Très Sainte Vierge le calme et la résignation, dont elle
ne se départit jamais, même au plus fort de ses souffrances. « Elle ne nous donnait pas de peine », nous di-
rent son mari et sa fille aînée, qui l'assista tout le temps
de sa maladie ; « sauf aux heures de crises, où les vo-
« missements de sang la mettaient dans un tel état que
« nous croyions toujours la voir mourir, elle ne se plai-
« gnait jamais. » Elle eût voulu communier souvent ;
mais, à cause de ses souffrances d'estomac, et la contraction des muscles de la mâchoire exigeant, pour lui
ouvrir la bouche, l'emploi d'un levier métallique, elle
dut se résigner à ne faire que ses Pâques.

Aussitôt que se manifestèrent, en avril 1905, les premiers troubles décrits plus haut par M. le docteur
Hibert, l'idée vint à Mme Biré d'aller demander sa guérison à N.-D. de Lourdes. Elle se sentait encore utile

äux siens, à son mari et à ses quatre enfants, et, voyant que tout secours humain semblait impuissant à lui rendre la santé, elle se tourna tout entière du côté du Ciel.

Au mois de juillet 1907, elle s'ouvre de son projet et demande à prendre part au Pèlerinage diocésain de Vendée. Sa famille et le docteur Hibert s'y opposent de la façon la plus formelle. Aux yeux de tous, ce serait folie et cruauté que de consentir à un pareil voyage, étant donnée l'extrême faiblesse de la malade, qui, depuis deux ans, ne s'alimente que d'un peu de lait et n'est soutenue que par des injections de sérum, et personne n'est d'avis qu'on puisse à ce point tenter la Providence.

Devant cette opposition unanime, Mme Biré fait son sacrifice ; mais elle garde au cœur le désir, plus ardent que jamais, d'aller à Lourdes.

Un an après, le 1er juillet 1908, une crise se produit, plus grave que toutes les précédentes, avec complication d'écoulement de sang par les oreilles ; l'état syncopal se prolonge plus qu'à l'ordinaire ; l'alimentation est nulle, et l'on y supplée par des piqûres de sérum plus fréquentes. Ce n'est qu'après trois semaines que la malade recommence à absorber quelques gouttes de lait.

Or, un Pèlerinage de Vendée s'organise pour Lourdes. A tout prix elle veut en être. Qu'attendre encore ? Une nouvelle crise qui sera la dernière ? Le mieux n'est-il pas de tenter un suprême recours à la miséricordieuse et toute puissante Vierge Marie ? Sa résolution, cette fois, est inébranlable.

La prudence humaine devait, ce semble, combattre avec plus de rigueur que l'année précédente une semblable résolution chez une mourante.

Dans l'entourage immédiat de Mme Biré, on ne crut pas devoir s'arrêter à cette considération. Peut-être ne se sentait-on pas le courage de résister à cette volonté qui, toute morbide qu'elle fût, s'affirmait avec tant de netteté et d'énergie. On proposa bien le Pèlerinage national, qui n'aurait lieu que dans la seconde quinzaine d'août ; la malade aurait le temps de recouvrer un peu de forces. Mais ce fut inutile. Il fallut décider le départ immédiat. Sa fille, M. le Vicaire de la paroisse et deux autres personnes partiront avec elle. Le docteur, consulté, partagea les sentiments de la famille, donna un avis favorable et, le lundi 3 août, il transportait lui-même sa malade en auto, de Sainte-Gemme à Luçon.

En gare, des voyageurs sont effrayés à l'aspect de la pauvre pèlerine ; d'autres s'indignent et traitent d'insensés ceux qui l'accompagnent : « Epargnez-vous donc « au moins, dit l'un d'eux à son mari, les embarras et les « frais du retour prochain de son cadavre ! »

Nous passons sur les péripéties, plutôt douloureuses, soit du voyage, durant lequel Mme Biré ne peut rien prendre et éprouve plusieurs syncopes, soit de l'arrivée à Lourdes, le mardi à midi ; par suite de malentendus, elle n'est reçue qu'avec peine à l'Hôpital des Sept-Douleurs.

Dans la soirée, elle est conduite sur l'Esplanade du Rosaire, pour la procession du Très Saint Sacrement ; puis à la Grotte, où elle ne peut faire qu'une courte prière.

On la ramène à l'hôpital, exténuée et défaillante.

Durant la nuit, elle a trois évanouissements prolongés. Sa fille qui l'assiste et la religieuse de garde essaient, mais en vain, de la soulager. Toutes deux redoutent un dénouement fatal. A l'aube, elle se ranime et demande qu'on l'emmène au plus tôt à la Grotte. Elle y reçoit la sainte communion des mains de Monseigneur l'Archevêque de Rouen, qui remarque son infirmité et doit attendre qu'on lui ait entr'ouvert la bouche avec le levier métallique. Elle parle à peine et n'a de forces que pour égrener son chapelet. On la présente aux Piscines ;

mais l'affluence est telle qu'il faut retourner devant la Grotte, où, étendue dans sa voiture au milieu des autres malades, elle continue de prier.

Il est dix heures et quart ; la dernière messe se termine, et l'on reporte le Saint Sacrement à l'église du Rosaire, quand, tout à coup, Mme Biré se soulève et dit d'une voix faible : « Ah ! je vois la sainte Vierge ! » puis elle retombe au fond de sa voiture, évanouie ; un peu de sang coule au coin des lèvres. Sa fille, à genoux auprès d'elle, croit que sa mère expire, et perd elle-même connaissance.

Mme Biré ne tarde pas à reprendre ses sens ; elle revoit, dans le creux du rocher, la statue de la Vierge, « moins brillante, moins blanche, dit elle, que la première fois. » Puis son regard, tout rempli d'une religieuse surprise, s'arrête successivement sur chacun des objets qui l'entourent.

L'aveugle voyait !

La joie qu'elle éprouve à ce moment ne trouble pas le calme de sa prière. Les brancardiers, témoins de cette scène émouvante, n'osent rien dire de la merveille qui vient de s'accomplir. Ils proposent seulement à « l'heureuse voyante » de la conduire aux Piscines. — « Tout à « l'heure ! répond-elle ; laissez-moi un instant remercier « la sainte Vierge ! » Sa fille, remise de sa douloureuse émotion, et qui comprend maintenant ce qui s'est passé, verse en silence des larmes de bonheur.

Son action de grâces terminée, elle est présentée de nouveau aux Piscines, où, les dames hospitalières, effrayées de son extrême faiblesse, refusent de la plonger, comme elle le demande, dans l'eau glaciale de la source miraculeuse. « Une simple lotion des pieds ou des « mains, disent-elles, avec les prières que nous ferons en « même temps, sera, si la sainte Vierge le permet, tout « aussi efficace, et surtout moins dangereuse. » Mme Biré insiste. « Ce sera tout ou rien ! » dit-elle, et un véritable combat s'engage, dans lequel la confiance finit par l'emporter sur la prudence.

La malade est donc plongée dans la Piscine, mais on doit l'en retirer aussitôt, car elle est prise d'un vomissement de sang très abondant; de plus, elle tombe en syncope, et ce n'est qu'après une demi-heure de soins empressés qu'elle revient à elle.

Plus affaiblie encore après cet accident, mais toujours confiante en la très sainte Vierge qui, dit-elle, « ne peut pas faire les choses à moitié », elle est ramenée à l'Hôpital.

Chemin faisant, elle rencontre le vicaire de sa paroisse, qui ignore tout. Elle lui tend les mains et lui dit en pleurant de joie : « Ah ! Monsieur l'abbé, je vois « maintenant !... Mais il ne faut rien dire encore, car « je souffre toujours à l'estomac. Enfin, j'ai le princi- « pal ! »

Elle allait bientôt constater qu'elle avait aussi le reste.

Rentrée à l'Hôpital, elle ne prend encore que du lait, mais beaucoup plus qu'à l'ordinaire.

La nouvelle de sa guérison s'étant répandue parmi les pèlerins, un grand nombre accourent pour la voir et lui parler. Elle se soustrait de son mieux à ce concours importun, jusqu'à l'heure où on la mène, accompagnée de sa fille et de M. l'abbé Girard, vicaire de Sainte-Gemme, au *Bureau des Constatations*. M. l'abbé Girard remet à M. le docteur Boissarie, qui en prend très attentivement connaissance, un certificat du docteur Hibert (1).

Mme Biré est introduite en présence de plusieurs doc-

---

(1) Ce certificat, envoyé en communication à un interne de la Salpêtrière, a été égaré ; mais il en est fait mention au registre du *Bureau des Constatations*, n° 37, et M. le docteur Hibert a bien voulu nous le résumer dans sa déposition écrite que nous avons reproduite plus haut.

teurs, dont M. Lainey, médecin oculiste de Rouen. En raison de sa grande faiblesse, on ne lui pose, au cours de cette première séance, que quelques questions ; et M. Lainey, prié par M. le docteur Boissarie d'examiner les yeux de la malade, consigne en ces termes son diagnostic sur le registre des *Constatations :*

« Examen à l'ophtalmoscope : *Œil droit :* papille
« blanche nacrée, vaisseaux centraux presqu'impercep-
« tibles. Le reste du fond de l'œil est normal. *Œil gau-*
« *che :* papille blanche nacrée, vaisseaux centraux très
« diminués, mais à peu près le double des vaisseaux de
« l'œil droit ; malgré cela, ils n'ont guère que le tiers du
« calibre normal. Le reste du fond de l'œil est normal.
« Au moment où je fais remarquer que le fond de l'œil
« droit est plus malade que celui de l'œil gauche,
« Mme Biré me dit que cela n'a rien d'étonnant, car cet
« œil droit ne distinguait aucune clarté, tandis que l'œil
« gauche voyait encore s'il faisait jour ou nuit.

« En résumé, elle est atteinte d'atrophie blanche, de
« cause cérébrale, et, au point de vue scientifique, il est
« absolument étonnant de constater qu'elle lit les plus
« petits caractères du journal aussi bien d'un œil que de
« l'autre. L'atrophie blanche du nerf optique indique une
« lésion cérébrale. J'insiste surtout sur la vision des plus
« petits caractères du journal, en contradiction avec
« l'état des papilles. Non seulement la papille est abso-
« lument blanche, mais les vaisseaux absolument filifor-
« mes et presque imperceptibles.

« *Signé :* Dr LAINEY. »

(Journal de la Grotte de Lourdes, 16 août 1908.)

Sur la demande que nous lui en avons faite au nom de Votre Grandeur, et en vue de l'enquête canonique, M. le docteur Lainey a bien voulu confirmer son diagnostic dans un rapport, daté du 23 novembre 1909, et dont voici un premier extrait :

Monsieur le Vicaire Général du Diocèse de Luçon

« Monsieur,

« Le 5 août 1908, je me trouvais à Lourdes, accompa-
« gnant le Pèlerinage de la Seine-Inférieure. Je fus ap-
« pelé à examiner les yeux de Mme Biré, de Sainte-
« Gemme-la-Plaine, du diocèse de Luçon. Cette dame,
« amenée à Lourdes complètement aveugle, avait re-
« couvré la vue le matin même à la Grotte. L'examen
« des yeux à l'ophtalmoscope me fit voir des deux côtés
« une papille blanche nacrée dépourvue de toute colora-
« tion. Les veines et les artères, rejetées sur le côté,
« étaient amincies et tout à fait filiformes. Le diagnostic
« s'imposait : c'était une atrophie blanche du nerf opti-
« que de cause cérébrale. L'œil droit était encore plus
« atrophié que le gauche. Lorsque j'en fis l'observation
« aux confrères qui m'entouraient, Mme Biré me dit :
« Cela ne m'étonne pas, car de l'œil droit je ne voyais
« ni jour ni nuit, mais de l'œil gauche j'avais encore une
« petite clarté. » Cette affection des plus graves est re-
« connue par tous les auteurs comme absolument incu-
« rable. Or Mme Biré avait recouvré la vue le matin.
« Elle pouvait lire les plus petits caractère du journal,
« et la vision à distance était aussi parfaite. »

« Elle avait retrouvé la vision, l'organe avait repris sa
« fonction, mais les lésions persistaient. Elles devaient
« disparaître un peu plus tard... »

Nous devons suspendre ici notre citation du Rapport
de M. le docteur Lainey, pour souligner la caractéristi-
que spéciale de la guérison de Mme Biré.

Le docteur Henri Guinier, agrégé libre de la Faculté
de Montpellier, l'a ainsi définie : « *Rétablissement subit
« et définitif de la fonction abolie,* alors même que per-
« siste encore *la lésion organique* qui rend cette fonction
« impossible... C'est donc, en réalité, une *fonction sans
« organe* (1). » « Les guérisons de Lourdes, ajoute le

____

(1) Le surnaturel dans les guérisons de Lourdes. Notes médi-

« même docteur, présentent habituellement ce phéno-
« mène déconcertant... Mais le fait le plus extraordi-
« naire de ce genre que j'ai vu passer, en 1908, au *Bu-*
« *reau des Constatations*, et dont j'ai résumé l'histoire
« ailleurs, est celui d'une aveugle (Mme Biré) *par atro-*
« *phie blanche du nerf optique*. Le 5 août 1908, devant
« la Grotte, Mme Biré recouvre subitement la vue. Elle
« vient aussitôt au *Bureau médical*. On examine ses
« yeux : œil droit, papille blanche nacrée, vaisseaux
« centraux imperceptibles ; œil gauche, papille blanche
« nacrée, vaisseaux centraux n'ayant guère que le tiers
« du volume normal.

« Mme Biré lit facilement de chaque œil un journal et
« les minutes d'une montre. Voilà une *aveugle qui voit*
« *avec des yeux morts.* »

Le diagnostic établi par l'éminent oculiste de Rouen
offrait, en définitive, la preuve scientifique du fait surnaturel. C'était le miracle persistant, actualisé...

Pour la plupart des docteurs présents à l'examen, leur
conviction, dès lors, est faite : « Cette guérison, disent-
« ils, est une des belles guérisons de Lourdes, la plus
« belle, peut-être, de toutes celles de l'année jubilaire ».
Les autres reconnaissent le cas fort intéressant et digne
d'être étudié. Tous conviennent que Mme Biré reviendra
le plus souvent possible au *Bureau des Constatations*,
et, lorsqu'elle fait observer qu'elle doit retourner chez
elle le vendredi suivant, on insiste pour qu'elle retarde
au moins d'un jour son départ de Lourdes.

On n'ose pas prolonger davantage cette première
séance : elle-même, d'ailleurs, éprouve un ardent désir
de repos, après une journée si remplie d'émotions et de
fatigues.

⁂

La nuit du 5 au 6 août fut bien différente de la précédente. Mme Biré dort toute la nuit d'un sommeil calme et

---

cales. *Etudes religieuses* du 5 décembre 1909. *Les Questions
Actuelles*, 26 février 1910.

profond. Elle se lève de bonne heure, s'habille seule, ce qu'elle n'a pas fait depuis plusieurs années, et est conduite à la Grotte. Elle y communie de nouveau, mais il faut encore user du levier pour lui entrouvrir la bouche.

A la Piscine, elle éprouve un léger évanouissement ; mais, revenue bientôt à elle, elle ressent un bien-être indéfinissable. La contracture du masséter a disparu, et la bouche s'ouvre librement ; plus de douleur à l'estomac ; enfin, les membres du côté droit, toujours gênés dans leurs mouvements depuis la paralysie du 24 décembre 1904, semblent reprendre leur force et leur élasticité.

La Sainte Vierge achevait son œuvre.

Mme Biré se rend au *Bureau médical*. Une dizaine de docteurs s'y trouvent réunis autour de M. le docteur Boissarie et de Sa Grandeur Monseigneur l'Archevêque de Rouen, qui ne dissimule pas son étonnement et sa joie de revoir, rattachée à la vie et toute radieuse d'espérance, celle qu'il a communiée mourante, la veille.

Elle dit la nouvelle grâce dont elle vient d'être favorisée. On constate, en effet, qu'il n'y a plus de contraction de la mâchoire, et que les mouvements du bras droit et de la jambe droite n'ont plus rien d'anormal. Ces changements sont consignés sur le registre des guérisons, en attendant un examen plus approfondi.

Ce qui intéresse avant tout et ce que l'on tient à constater, c'est l'état des yeux. On procède à une seconde exploration à l'ophtalmoscope. Le résultat est le même que la première fois. L'organe est toujours atrophié, sans vie, et la vue est toujours lucide et parfaite. Les expériences les plus variées sont tentées, qui toutes font ressortir davantage l'étrangeté, ou, plutôt, le merveilleux du phénomène.

Alors commence un long interrogatoire, auquel prennent part tous les médecins présents. Mme Biré répond avec calme, modestie et assurance. A la fin, cependant, elle a peine à dominer la fatigue qu'elle éprouve ; elle se sent énervée, d'autant que les questions se croisent plus serrées et que nombre de mots scientifiques s'y glissent auxquels elle ne comprend rien. « Comment donc pouvez-vous lire ? » lui demande-t-on, « vous n'avez pas de papilles ». — « Pardon, reprend-elle, la Sainte Vierge « m'en a donné, mais vous ne les voyez pas ! Et puis, « tenez, Messieurs, je ne connais pas tous vos grands « mots savants, et je n'ai qu'une chose à vous dire, « c'est que je ne voyais pas depuis près de six mois, « que je ne voyais pas hier matin encore, et que main- « tenant je vois ! »

Notre aveugle guérie n'avait pas devant elle, comme celui de l'Evangile, des Pharisiens obstinés. (S. Jean, chap. IX.) Ses interlocuteurs se déclarent satisfaits autant qu'émus d'une réponse aussi péremptoire, et M. le docteur Boissarie, qui, sans rien laisser voir, est plus satisfait et plus ému qu'aucun autre, la congédie avec une bonté toute paternelle : « Vous nous reviendrez ce soir, lui dit-il, pour nous redire ce que la Sainte Vierge a fait pour vous. En attendant, assurez-vous que votre estomac est guéri comme vos yeux, en mangeant, tout à l'heure, du mieux que vous pourrez. »

De retour à l'Hôpital, Mᵐᵉ Biré s'empresse de suivre la recommandation du docteur et mange, avec appétit, de la soupe, du pain, un œuf et une grappe de raisin. L'expérience était bien un peu perdue de la mastication, depuis trois ans, mais les mâchoires, déliées désormais, remplirent suffisamment leur fonction, et l'estomac, qui devait trouver trop plantureux le menu de ce premier repas, n'eut aucune révolte.

La guérison est bien complète. L'avenir dira si elle est définitive.

Depuis lors, et jusqu'au départ de Lourdes, remis, sur le désir des médecins, au samedi soir, Mᵐᵉ Biré passe tout le temps : soit à la Grotte, où elle poursuit ses ferventes actions de grâces ; soit au *Bureau des Constatations*, où elle répond, durant des heures entières, aux questions qui lui sont posées ; soit, enfin, à l'Hôpital, où elle est de nouveau interrogée par des médecins et obligée de satisfaire la pieuse curiosité d'une foule de pèlerins.

Cependant, à Sainte-Gemme, on était partagé entre l'espérance et l'angoisse. Les nouvelles reçues de la chère malade annonçaient simplement qu'elle voyait. En réalité, qu'en était-il ?

On est si impatient de le savoir que, le dimanche 9 août, une partie notable de la population se porte à sa rencontre, à un kilomètre environ, sur la route de Luçon.

Quand on la voit descendre allègrement de voiture et reconnaître tous les siens, la joie et l'enthousiasme éclatent, et une procession triomphale s'organise, que « la miraculée », comme on l'appelle déjà, suit sans fatigue, un cierge à la main, jusqu'à l'église, remplie comme aux grands jours de fêtes.

M. le vicaire fait en quelques mots le récit de la guérison, et l'on chante un Salut solennel d'actions de grâces.

La paroisse tout entière est heureuse et fière de la faveur extraordinaire accordée à l'une de ses enfants. La guérison est évidente, et il n'y a personne à Sainte-Gemme qui puisse la nier. Tout le monde, en effet, connaît l'état désespéré dans lequel la malade est partie pour Lourdes. La difficulté est d'expliquer cette guérison. La plupart admettent sans peine l'intervention divine. Les autres, — un très petit nombre, — par parti-pris, par orgueil ou par impiété, écartent toute cause surnaturelle. Pour se dispenser de chercher une explication, ils disent d'abord que la maladie ne tardera pas à revenir ; et, comme la guérison persiste, ils doivent trouver autre chose ; mais il ne semble pas que leurs trouvailles aient fait fortune auprès de la population, pas même celle-ci, véritablement géniale : « Il y a tant

« de médecins à Lourdes ! Quoi d'étonnant qu'ils aient
« réussi à guérir la Biré ! »

Un mois à peine s'était écoulé depuis son retour, que
Mme Biré recevait une lettre de Lourdes la priant de se
rendre à Poitiers, où trois spécialistes, dont le docteur
Rubbrecht, oculiste belge, devaient l'examiner. On dési-
rait savoir, au *Bureau des Constatations*, si elle voyait
toujours avec des yeux morts. A Poitiers, le docteur
Rubbrecht constate que le phénomène a cessé : « Les
« traces d'atrophie papillaire, écrit-il, ont disparu. Les
« lésions n'existent plus, et la guérison est com-
« plète ». (Procès-verbal n° 37 du *Bureau médical* pour
1908.)

Mme Biré, qui s'alimente désormais normalement, re-
trouve ses forces comme à vue d'œil. Dès le 6 octobre
1908, elle écrit au *Bureau médical* qu'elle a gagné neuf
kilos en six semaines (1). Peu à peu elle prend sur elle
tout le travail de la maison, et bientôt il ne reste aucune
trace du mal dont elle a souffert.

L'an dernier, elle fit, accompagnée de son mari et de
sa mère, un pèlerinage de reconnaissance à Notre-Dame
de Lourdes. Le registre des *Constatations*, à la date
des 3 et 5 août 1909, relate qu'elle revient en parfaite
santé.

Par une coïncidence providentielle, elle rencontre de
nouveau M. le docteur Lainey, de Rouen, qui l'examine
le 5 août, juste un an après sa guérison, et qui trouve
que « le fond de l'œil est normal et la vision parfaite ».
M. le docteur Lainey a fixé en un dessin très net la diffé-
rence d'aspect des papilles au moment de la guérison et
un an après.

Vous avez pu constater, Monseigneur, à l'occasion de
notre pèlerinage du mois d'août 1909, l'impression pro-

---

(1) Son poids a augmenté de près de *cinquante livres* en
un an.

fonde causée au *Bureau médical* de Lourdes par la guérison de votre diocésaine. Vous avez entendu M. le docteur Boissarie vous exprimer son enthousiasme, avec son ardent désir que Votre Grandeur daignât reconnaître, au nom de l'Eglise, le caractère miraculeux de cette guérison.

Pour qui connaît le docteur Boissarie, que l'on a appelé « la vivante incarnation de la sévérité intransi- « geante et de la rigueur qui déconcerte » *(Vers Lourdes*, René GAELL), cet enthousiasme et ce vœu suffiraient à motiver l'acte officiel qui vous est demandé. Mais vous avez encore, Monseigneur, l'avis hautement autorisé de plusieurs spécialistes, qui ont bien voulu nous envoyer eux-mêmes, ou nous faire adresser, leurs conclusions sur le cas de Mme Biré.

Le docteur Larrieu, de Toulouse, déclarait, le 6 juin 1909, au *Bureau médical* de Lourdes, que « l'état con- « staté par le docteur Lainey indique une destruction « complète des fibres nerveuses, dernier terme de « l'atrophie papillaire, ce qui implique une perte com- « plète de la vue ».

Le docteur Lainey termine ainsi son rapport du 23 novembre 1909, que nous avons déjà cité : « Il est bien « certain que Mme Biré, atteinte d'une affection réputée « incurable des deux yeux, a recouvré la vision instan- « tanément, par suite du miracle accompli en sa faveur, « le 5 août 1908, à la Grotte de Lourdes ».

Le docteur Guinier, de Montpellier, dont nous avons reproduit les remarques si suggestives sur le cas spécial qui nous occupe, cite, dans le même article, parmi les signes caractéristiques du surnaturel dans les guérisons de Lourdès : l'absence d'agent curateur, l'instantanéité, la convalescence supprimée, la fonction sans organe, tous signes qui sont à relever dans la guérison de Mme Biré.

M. le docteur Mairiaux, oculiste de l'Hôpital de Jumet (Belgique), laissait, le 6 mai dernier, au *Bureau des Constatations,* une note dont voici quelques passages :

« En lisant l'observation de Mme Biré, il nous semble que l'hémorragie stomacale a été la cause des acccidents qui se sont passés du côté du nerf optique...

« Le nerf optique est un organe particulièrement délicat, et, lorsqu'il a été aussi gravement atteint, il ne se reconstitue pas, et sa destruction est définitive. Il ne peut exister aucun doute sur ce point.

« M. Lainey, oculiste à Rouen, a constaté et décrit avec beaucoup de précision l'état de la papille au moment où Mme Biré est arrivée à Lourdes.

« Le retour de la vision d'une façon instantanée et la reconstitution du nerf optique sclérosé est un fait absolument inexplicable au point de vue clinique...

« Nous sommes ici en présence d'une lésion matérielle constatée, et cette guérison reste inexplicable en dehors d'une influence surnaturelle. »

Voici, enfin, Monseigneur, pour confirmer et compléter les conclusions que nous venons de transcrire, le certificat de M. le docteur Hibert, qui fut le médecin de Mme Biré, et qui peut redire le mot d'Ambroise Paré : « Je la pansai, Dieu la guérit » :

« Luçon, le 2 juillet 1910.

« Je, soussigné, docteur en médecine de la Faculté de
« Paris, certifie que Mme Biré, de Sainte-Gemme-la-
« Plaine (Vendée), atteinte d'une cécité incurable due à
« une atrophie papillaire double, a été guérie subite-
« ment et instantanément à Lourdes, le 5 août 1908.

« Il n'y a pas eu de récidive depuis la guérison, qui
« est parfaite, entière et absolue.

« *Signé :* Dr HIBERT. »

Il nous reste, maintenant, Monseigneur, à soumettre à Votre Grandeur nos conclusions.

Elles ressortent d'elles-mêmes, ce nous semble, de cet exposé.

Notre rôle, en effet, se bornait à rechercher dans la guérison de Mme Biré les conditions du phénomène miraculeux, telles qu'elles sont énumérées par le Pape Benoît XIV.

Il faut, dit le Pontife :

1° Que la maladie ou infirmité soit dangereuse et difficile ou impossible à guérir ;

2° Qu'elle ne soit pas arrivée à cet état où elle peut évoluer vers la guérison aussi bien que vers la mort ;

3° Que, si l'on a employé des remèdes, il soit bien certain qu'ils n'ont été pour rien dans la guérison ;

4° Que la guérison soit subite, instantanée ;

5° Qu'elle soit encore parfaite, entière, absolue ;

6° Qu'elle ne soit pas précédée d'une de ces excrétions ou d'un de ces phénomènes critiques connus pour l'amener naturellement ;

7° Qu'il n'y ait pas récidive.

Or, les certificats ou observations des médecins, comme aussi les dépositions de l'intéressée et des témoins, que nous avons interrogés sous la foi du serment, nous paraissent affirmer nettement que toutes ces conditions se trouvent réalisées dans le cas de Mme Biré.

Nous croyons donc, en notre âme et conscience, pouvoir ainsi conclure :

Les experts étant unanimes, après examen, à considérer comme naturellement incurable la cécité de Mme Biré, et scientifiquement inexplicable sa guérison instantanée, parfaite et définitive, telle qu'elle s'est produite, le 5 août 1908, devant la Grotte de Lourdes, nous n'hésitons pas à déclarer : *Digitus Dei est hic !*

Daignez, Monseigneur, sanctionner cette conclusion de votre jugement souverain, et proclamer, au nom de l'Eglise, le miracle opéré en faveur de votre diocésaine

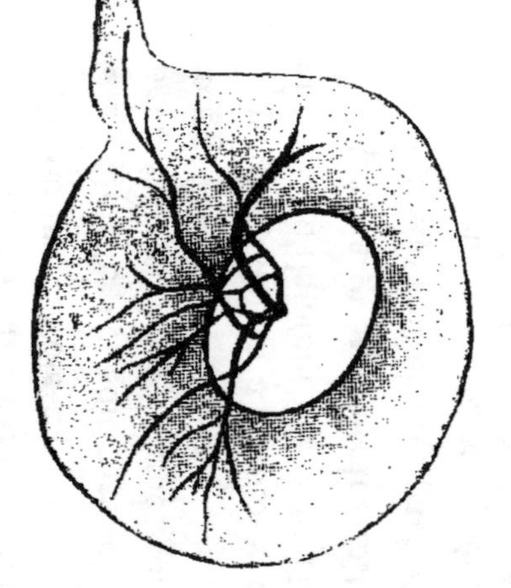

ŒIL ATTEINT D'ATROPHIE PAPILLAIRE

Image renversée — Le 5 Aout 1908

La papille, représentée par le cercle du milieu, est
blanche nacrée. Les vaisseaux sont réduits à l'état
filiforme ; c'est l'atrophie papillaire type

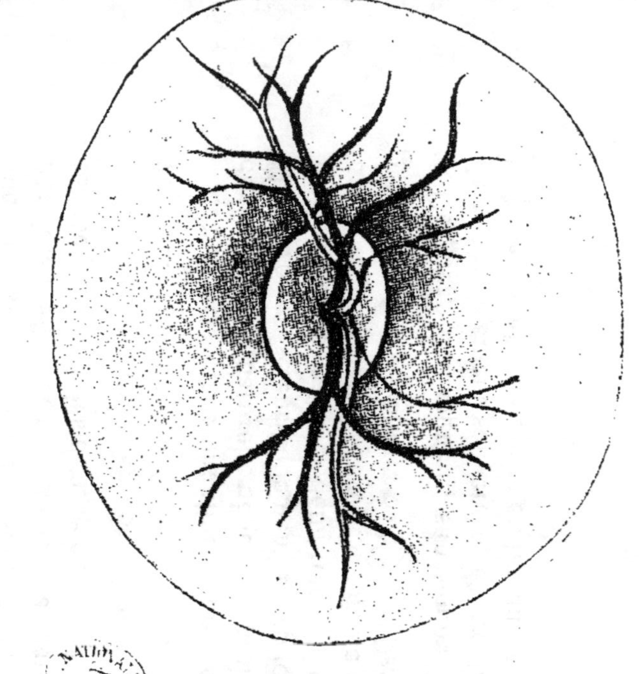

ŒIL APRÈS LA GUÉRISON

Image renversée — Le 5 Aout 1909

Le cercle du milieu, qui représente la papille, a repris
sa coloration, et les vaisseaux leur volume.
Il n'y a plus trace d'atrophie papillaire

par la toute-puissante et miséricordieuse intercession de la Très Sainte Vierge Marie !

Votre diocèse tout entier s'en réjouira et vous bénira !

Luçon, le 15 juillet 1910.

Louis BOUCHET, Vicaire Général, *Président ;* Augustin MERCIER, Vicaire Général ; Alexandre POIRIER, Vicaire Général, *Promoteur ;* Louis ROBIN, Chanoine ; Jean PIGNON, Secrétaire de l'Evêché, *Notaire.*

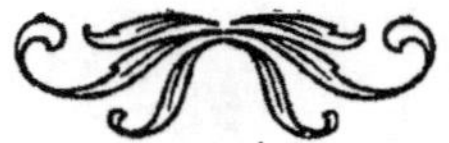

LUÇON — M. BIDEAUX, imprimeur de l'Évêché